Quiero mi comida

Tony Ross

sm

Primera edición: marzo 1996
Octava edición: junio 2008

Dirección editorial: Elsa Aguiar
Traducción del inglés: Isabel Cano

Título original: *I Want My Dinner*
© del texto y las ilustraciones: Tony Ross, 1995
© Ediciones SM, 1996
   Impresores, 2
   Urbanización Prado del Espino
   28660 Boadilla del Monte (Madrid)
   www.grupo-sm.com

ATENCIÓN AL CLIENTE
Tel.: 902 12 13 23
Fax: 902 24 12 22
e-mail: clientes@grupo-sm.com

ISBN: 978-84-348-6045-2
Depósito legal: M-26977-2008
Impreso en España / *Printed in Spain*
Raíz Técnicas Gráficas, SL - Gamonal, 19 - 28031 Madrid

¡Quiero mi comida!

—Se pide por favor -dijo la reina.

—¡Quiero mi comida..., por favor!

—¡Humm..., qué bien!

—¡Quiero mi orinal!

—Se pide por favor -dijo el general.

—¡Quiero mi orinal..., por favor!

—¡Humm..., qué bien!

—¡Quiero mi oso...!

—... por favor -dijo la princesa.

—¡Humm...!

—Queremos ir a dar un paseo..., por favor.

—¡Humm...!

—¡Humm…, qué delicioso!

—¡Alto! -dijo el monstruo.

—¡Es mi comida!

—¡Quiero mi comida!

—¡Se pide por favor! -dijo la princesa.

—¡Quiero mi comida, por favor!

—¡Humm...!

—¡Alto! -dijo la princesa.

—Se dice gracias.